# FINGERFOOD

## Partyhäppchen ohne Besteck

Autorin: Susanne Walter
Fotos: Maria Grossmann und Monika Schürle

QUALITÄTS G|U GARANTIE

## DIE GU-QUALITÄTS-GARANTIE

Wir möchten Ihnen mit den Informationen und Anregungen in diesem Buch das Leben erleichtern und Sie inspirieren, Neues auszuprobieren. Bei jedem unserer Bücher achten wir auf Aktualität und stellen höchste Ansprüche an Inhalt, Optik und Ausstattung. Alle Rezepte und Informationen werden von unseren Autoren gewissenhaft erstellt und von unseren Redakteuren sorgfältig ausgewählt und mehrfach geprüft. Deshalb bieten wir Ihnen eine 100 %ige Qualitätsgarantie.

**Darauf können Sie sich verlassen:**
Wir legen Wert darauf, dass unsere Kochbücher zuverlässig und inspirierend zugleich sind.
Wir garantieren:

- dreifach getestete Rezepte
- sicheres Gelingen durch Schritt-für-Schritt-Anleitungen und viele nützliche Tipps
- eine authentische Rezept-Fotografie

**Wir möchten für Sie immer besser werden:**
Sollten wir mit diesem Buch Ihre Erwartungen nicht erfüllen, lassen Sie es uns bitte wissen! Nehmen Sie einfach Kontakt zu unserem Leserservice auf. Sie erhalten von uns kostenlos einen Ratgeber zum gleichen oder ähnlichen Thema. Die Kontaktdaten unseres Leserservice finden Sie am Ende dieses Buches.

GRÄFE UND UNZER VERLAG
*Der erste Ratgeberverlag – seit 1722.*

# INHALT

## TIPPS UND EXTRAS



## 8 ZUM KNABBERN

## 18 MIT FLEISCH, FISCH & CO.



## 34 FÜR VEGGIE-FANS



## 50 JE KLEINER, DESTO SÜSSER

# PARTYFOOD IM HANDLICHEN FORMAT

**So klappt das Verwöhnen Ihrer Gäste problemlos: Fingerfood-Büfetts sind gut vorzubereiten, abwechslungsreich und raffiniert. Von der Hand in den Mund war nie trendiger!**

Wer kennt sie nicht, Partys, bei denen man zum Essen keinen Sitzplatz ergattert hat und umständlich mit einer Gabel, Schnitzel und Riesengarnelen zu durchtrennen versucht, während man mit der anderen Hand Teller und womöglich noch sein Glas festhält? Das kann nur schiefgehen, und in der Not lässt man das Essen sein und konzentriert sich doch lieber auf Gespräche oder aufs Tanzen, wenn auch mit knurrendem Magen. Wann immer die Gästezahl die Sitzmöglichkeiten übersteigt, ist Fingerfood die erste Wahl! Es lässt sich gut vorbereiten und bedarf außer ein paar Servierplatten und Servietten keinerlei Geschirr und Besteck. Auch bei einem gesetzten Essen hat Fingerfood seinen Auftritt: Während die Gäste eintrudeln und ihren Aperitif schlürfen, regen kleine Häppchen den Appetit an und machen Lust auf das, was an Köstlichkeiten noch kommen wird.

**VORBEREITUNG IST ALLES**

Fingerfood ist Handarbeit für Fleißige. Zwischen einem großen Topf Chili con Carne und gefüllten Tomaten für 20 Personen liegen Welten. Das merkt die ambitionierte Gastgeberin spätestens nach der ersten Stunde Vorbereitung. Doch auch beim Fingerfood gibt es große Unterschiede: Sie können ein Blech Focaccia in den Ofen schieben und anschließend in mundgerechte Stücke schneiden oder aufwendigere Minipizzas backen – jede einzeln geformt und belegt. Wofür Sie sich entscheiden, hängt maßgeblich von der Anzahl Ihrer Gäste und der verfügbaren Vorbereitungszeit ab. Planen Sie auf jeden Fall genügend Zeit für die Vorbereitung ein und entscheiden Sie sich im Zweifel lieber für weniger Speisen als dass Sie zum Schluss noch in Hektik geraten.

Wichtig ist, dass Sie Vorgebackenes oder Vorgebratenes vollständig auskühlen lassen, bevor Sie es luftdicht in Kunststoffdosen oder Frischhaltefolie verpacken. Decken Sie auch möglichst kalte Speisen luftdicht ab, damit Sie nicht austrocknen oder sich farblich verändern.

## DER LETZTE SCHLIFF

Auch bei Fingerfood ist der letzte Schliff entscheidend: Die perfekt gebackene Schokoladentarte schmeckt nur halb so gut, wenn sie seit Stunden im Kühlschrank steht und dann eiskalt serviert wird. Auch wenn es auf Ihrem Fest hoch hergeht, nehmen Sie sich die Zeit und servieren Ihre gebackenen Speisen frisch aus dem Ofen oder nochmals aufgewärmt. Hier profitieren Sie von guter Planung: Denken Sie im Vorfeld einmal alles durch und notieren Sie sich einen Zeitplan, wann was gemacht werden muss. So vergessen Sie nichts, sind wesentlich entspannter und alles klappt am Ende ganz wunderbar!

Achten Sie beim Aufwärmen auch darauf, dass Ihre Speisen nicht austrocknen: Schieben Sie die Speisen wie vorgebratene Garnelen-Ananas-Spieße möglichst nur kurze Zeit in den heißen Backofen. Auch kalten Gerichten tut es gut, wenn sie bei Zimmertemperatur serviert werden, deshalb sollte man sie rechtzeitig vor dem Servieren aus dem Kühlschrank nehmen. Die Ausnahme sind natürlich gekühlte Nachspeisen.

Und wie immer spielt auch die Optik eine große Rolle: Seit Stunden vor sich hinwelkende Petersilienblättchen haben noch niemandem schöne Augen gemacht. Garnieren Sie Ihre Speisen immer erst kurz vor dem Servieren mit frischen Kräuterblättchen oder essbaren Blüten. Kräuter und Blüten können selbstverständlich auch gut vorbereitet werden und dann einfach direkt beim Anrichten zum Einsatz kommen: Gewaschen werden Kräuter lieber in stehendem als unter fließendem Wasser, anschließend sollte man sie trocken schütteln oder mit Küchenpapier vorsichtig trocken tupfen. Bis zur Verwendung lagert man sie am besten auf leicht feuchtem Küchenpapier und vorsichtig abgedeckt im Kühlschrank.

## BÜFETTPLANUNG LEICHT GEMACHT

Der erste und wichtigste Aspekt sind hierbei Ihre Gäste! Nehmen Sie – sofern bekannt – Rücksicht auf Vorlieben, Abneigungen und Besonderheiten wie Allergien oder vegetarische Ernährung.

Bei Fingerfood gelten dieselben Kriterien wie bei einem Menü, das am Tisch serviert wird: Die Auswahl der Speisen sollte ausgewogen und vielfältig sein. Die Abwechslung von kalt und warm, appetitanregend und sättigend, vegetarisch, fleisch- und fischhaltig macht ein gelungenes Büfett aus! Und zu guter Letzt sollte natürlich ein kleiner süßer Abschluss nicht fehlen.

Beachten Sie bei Ihrem Fest auch die Jahreszeit: Im Sommer steht Ihren Gästen der Sinn mehr nach kalten Speisen und reichlich Getränken, als an einem Winterabend, an dem sie mit deftigen Speckdatteln und einer Suppe punkten können.

# DAMIT ES FÜR ALLE REICHT …

**Kein Gast soll nach der Party enttäuscht mit knurrendem Magen nach Hause gehen, deshalb ist es wichtig, die Mengen richtig zu planen.**

Je nach Anlass und Dauer Ihrer Festivität unterscheidet sich das Mengenangebot Ihres Fingerfoods. Laden Sie nur zu einem Umtrunk ein, reichen 5 Häppchen pro Person vollkommen aus. Handelt es sich um ein mehrstündiges Fest, zu dem Ihre Gäste in Erwartung auf ein Essen nüchtern erscheinen, ist es ratsam 10 – 12 Häppchen einzuplanen. Prinzipiell gilt die Faustregel, dass Heranwachsende und Männer mit größerem Appetit häufiger zugreifen als kleine Kinder oder ältere Menschen und Frauen.

**WAS GIBT ES ZU TRINKEN?**

Was und wie viel getrunken wird, ist sehr individuell: Die Getränkemengen pro Person sind von unterschiedlichen Faktoren abhängig, zum Beispiel von der Dauer des Festes und der Jahreszeit. Im Sommer und auf Partys mit Tanz ist der Getränkekonsum deutlich höher, vor allem an alkoholfreien Getränken wie Mineralwasser, Saftschorlen und Softdrinks oder auch Bier.

Damit Sie bei Ihrem Fest nicht irgendwann tatsächlich auf dem Trockenen sitzen, können Sie sich an den folgenden Regeln orientieren. Als groben Richtwert können Sie bei einer Mittagsveranstaltung oder einem kleinen Umtrunk pro Person mit 2 – 3 Gläsern Sekt oder Prosecco, alternativ Bowle, Cocktail oder Wein rechnen. Zusätzlich sollten Sie pro Person eine halbe Flasche Mineralwasser einplanen. Bei einem Fest, das den ganzen Abend dauert, sollten Sie pro Person mit 1 – 2 Gläsern Sekt oder Prosecco, zusätzlich zu einer Flasche Wein (alternativ 3 – 4 Cocktails) und einer Flasche Mineralwasser (am besten mit und ohne Kohlensäure) rechnen. Softdrinks, Fruchtsäfte und Saftschorlen ergänzen das Angebot, hauptsächlich für diejenigen, die auf Alkohol verzichten und nicht nur Wasser trinken möchten.

Um auf der sicheren Seite zu sein, kalkulieren Sie die Getränkemengen großzügig und vereinbaren Sie mit Ihrem Getränkehändler, dass er unangebrochene Getränkekisten wieder zurücknimmt. Es ist besser, wenn Sie eher zu viel als zu wenig haben.

# PARTY-GETRÄNKE SELBST GEMACHT

**Lassen Sie sich bei den Getränken etwas einfallen! Bowlen und Limonaden sind echte Klassiker und tolle Begleiter. Meine Favoriten ergeben je ca. 2 l und sind mit oder ohne Alkohol.**

### GRAPEFRUIT-ORANGEN-BOWLE

Je 1 Bio-Grapefruit und Bio-Orange heiß waschen und abtrocknen, die Schale abreiben. Insgesamt je 2 Grapefruits und Orangen mit einem scharfen Messer filetieren. Filets mit Zitrusschalen, 20 ml Angostura, 60 ml Orangenlikör (z. B. Grand Marnier) und 750 ml Weißwein in einer Bowlenschüssel zugedeckt mindestens 4 Std. kalt stellen. Zum Servieren mit 750 ml Sekt aufgießen und mit Eiswürfeln servieren.

### BEEREN-LIMONADE

1 kg gemischte Beeren (z. B. Him-, Johannis- oder Brombeeren, frisch oder TK) waschen, putzen und große Früchte vierteln. 800 ml Wasser mit 200 g Zucker aufkochen. Mit Beeren und 4 EL Zitronensaft nochmals aufkochen, beiseitestellen und etwa 15 Min. ziehen lassen. Dann ca. 1 Std. durch ein mit einem Passiertuch ausgelegtes Sieb abtropfen lassen, die Früchte etwas ausdrücken. Beerensud kalt stellen. Zum Servieren mit 1 l gekühltem Mineralwasser aufgießen und mit Eiswürfeln servieren.

### RHABARBER-HOLUNDER-BOWLE

750 ml Rhabarbertrunk mit 200 ml Holunderblütensirup in eine Karaffe geben. 250 g Erdbeeren waschen, putzen, klein schneiden. 4 Stängel Minze waschen und trocken schütteln. Erdbeeren und Minze in die Karaffe geben. Zum Servieren mit 750 ml Sekt oder Mineralwasser aufgießen und mit Eiswürfeln servieren.

# ZUM KNABBERN

Knabbern macht Spaß und Lust auf mehr! Meine Gäste begrüße ich deshalb am liebsten mit kleinen krossen Häppchen. Mit einem Aperitif dazu, der perfekte Start für ein genüssliches Beisammensein! Seit dem letzten Italienurlaub mein persönlicher Favorit: Grissini mit Fleur de Sel.

# TORTELETTS MIT KRÄUTERGUSS

**Außen krosser Teig, innen raffinierte Füllung! Mein Gäste lieben diese aromatischen Häppchen zu einem Glas gut gekühltem Sekt oder Prosecco.**

**Für den Mürbeteig:**
15 g geriebener Parmesan
120 g Mehl
½ TL Salz | 1 Prise Zucker
70 g weiche Butter | 1 Eigelb
**Für den Guss:**
80 g gemischte Kräuterblättchen (z. B. Petersilie, Oregano, Schnittlauch)
80 g Sahne
80 ml Milch | 1 Ei
Salz | Pfeffer
frisch geriebene Muskatnuss
**Für den Belag:**
1 kleine Birne
3 EL Haselnusskerne
**Außerdem:**
12 Tortelettförmchen (7 cm ∅)
1 EL weiche Butter für die Förmchen
150 g getrocknete Hülsenfrüchte
Mehl zum Arbeiten

**Kräuterwürzig**

Für 12 Stück | 1 Std. Zubereitung | 30 Min. Ruhen | 30 Min. Backen
Pro Stück ca. 240 kcal, 6 g EW, 16 g F, 17 g KH

1 Für den Teig Parmesan, Mehl, Salz, Zucker, Butter in Stückchen und Eigelb in eine Schüssel geben und mit den Händen zügig zu einem homogenen Teig kneten. Den Teig in Frischhaltefolie wickeln und 30 Min. kühl stellen.

2 Den Backofen auf 220° vorheizen. Die Fömchen mit Butter einfetten. Den Teig in 12 gleich große Portionen teilen und je eine Portion mit den Fingern gleichmäßig in die Förmchen drücken, jeweils mit Backpapier belegen. Die Hülsenfrüchte darauf verteilen. Die Förmchen auf ein Backblech setzen und im Backofen (Mitte) in ca. 15 Min. hellbraun backen.

3 Die Kräuterblättchen waschen und trocken schleudern. Einige beiseitelegen und die übrigen hacken. Kräuter, Sahne und Milch mit einem Pürierstab pürieren. Das Ei dazugeben und kurz untermixen. Den Guss mit Salz, Pfeffer und Muskat würzen.

4 Inzwischen für den Belag die Birne waschen, längs vierteln und entkernen. Jedes Viertel in 3 Stücke schneiden. Die Haselnusskerne grob hacken. Die Förmchen aus dem Backofen nehmen. Backpapier und Hülsenfrüchte entfernen.

5 Guss in die Förmchen füllen, mit je 2 Birnenstücken und gehackten Haselnüssen belegen. Im Ofen weitere 10 – 15 Min. backen, bis der Guss gestockt ist. Torteletts herausnehmen, vorsichtig aus den Förmchen lösen, mit Kräutern garniert servieren.

## TIPP

**Anstatt Birne und Nüsse passen auch 200 g gesalzene und gepfefferte gebratene Pfifferlinge als Belag.**

# GRISSINI MIT FLEUR DE SEL

240 g Mehl | ⅓ Würfel frische Hefe (12 g) | 1 Prise Zucker | 1 EL Olivenöl | 1 TL Salz | Mehl zum Arbeiten | Fleur de Sel zum Bestreuen

**Italien lässt grüßen**

Für 30 Stück | 25 Min. Zubereitung | 55 Min. Gehen | 22 Min. Backen
Pro Stück ca. 30 kcal, 1 g EW, 0 g F, 6 g KH

**1** Mehl in eine Schüssel sieben, in die Mitte eine Mulde drücken. Hefe in 50 ml lauwarmem Wasser auflösen. Dann mit Zucker in die Mulde geben. Die Schüssel mit einem sauberen Küchentuch abdecken und den Vorteig ca. 10 Min. gehen lassen.

**2** Öl, Salz und 100 ml lauwarmes Wasser hinzufügen und alles mit den Knethaken des Handrührgeräts kneten, bis ein elastischer Teig entsteht. Den Teig mit einem sauberen Küchentuch abdecken und an einem warmen Ort 30 – 45 Min. gehen lassen, bis sich das Volumen verdoppelt hat.

**3** Ofen auf 180° vorheizen. Ein Backblech mit Backpapier auslegen. Den Teig mit bemehlten Händen durchkneten und auf einer leicht bemehlten Arbeitsfläche zu einem ca. 1 cm dicken und 20 × 30 cm großen Rechteck ausrollen. Den Teig in 30 ca. 1 cm breite Streifen schneiden. Die Teigstreifen auf das Blech setzen. Mit kaltem Wasser bepinseln, mit Fleur de Sel bestreuen und ca. 5 Min. gehen lassen. Im Ofen (Mitte) ca. 10 Min. vorbacken, anschließend bei 210° in 8 – 12 Min. goldbraun backen. Dann herausnehmen und abkühlen lassen.

## TIPP

**Ich serviere die Grissini gerne mit 30 Scheiben Serranoschinken oder auch hauchdünn geschnittener Salami zum Aperitif.**

# KÄSEGEBÄCK

150 g Mehl | 125 g weiche Butter | 125 g geriebener Bergkäse | ½ TL Salz | ⅓ TL Currypulver | 1 Ei | Mehl zum Arbeiten | Kümmelsamen und Mandelhälften zum Garnieren | 1 runder Ausstecher (4 cm ∅)

**Perfekt zum Aperitif**

Für 60 Stück | 40 Min. Zubereitung | 40 Min. Ruhen | 15 Min. Backen
Pro Stück ca. 35 kcal, 1 g EW, 3 g F, 2 g KH

1 Das Mehl in eine Schüssel sieben. Die Butter in Stückchen schneiden, mit Bergkäse und Salz hinzufügen und mit den Händen zügig zu einem homogenen Teig kneten. Den Teig halbieren und das Currypulver unter eine Hälfte kneten. Beide Teighälften jeweils zu einer Kugel formen, in Frischhaltefolie wickeln und mindestens 40 Min. in den Kühlschrank stellen.

2 Ein Backblech mit Backpapier auslegen. Die Teighälften separat auf einer leicht bemehlten Arbeitsfläche mit einem Nudelholz 2–3 mm dick ausrollen. Aus dem Teig mit einem Ausstecher Kreise und Rauten ausstechen und den ausgestochenen Teig auf das Blech setzen. Die Teigreste wieder kneten, erneut ausrollen und ausstechen.

3 Den Backofen auf 180° vorheizen. Das Ei mit einem Schneebesen verquirlen, die Kreise und Rauten damit dünn bepinseln. Den Natur-Teig mit Kümmelsamen bestreuen, den Curry-Teig jeweils mit 1 Mandelhälfte belegen. Im Backofen (Mitte) in 10–15 Min. goldbraun backen

4 Das Gebäck herausnehmen, vorsichtig auf ein Kuchengitter setzen und vollständig auskühlen lassen. In luftdichte Dosen verpackt hält sich das Käsegebäck 1–2 Wochen.

# FOCACCIA MIT KIRSCHTOMATEN

**Das beliebte Fladenbrot backe ich zuerst im Ganzen auf dem Blech und schneide es anschließend in mundgerechte Stücke. Hier mein Favorit mit Kräutern und Tomaten.**

**Für den Hefeteig:**
400 g Mehl
½ Würfel frische Hefe (25 g)
8 EL Olivenöl
8 g Salz

**Für den Belag:**
20 Kirschtomaten
½–1 Bund Thymian
1 EL getrockneter Oregano
grobes Meersalz
Pfeffer
50 g Parmesan
2 Handvoll Salat- oder Kräuterblättchen (z. B. Rucola, Basilikum, Petersilie; nach Belieben)

**Außerdem:**
Mehl zum Arbeiten
2 EL Olivenöl für das Backblech
2 EL Polentagrieß für das Backblech

**Einfach italienisch**

Für 1 Backblech (40 Stücke) | 50 Min. Zubereitung | 1 Std. Gehen | 12 Min. Backen
Pro Stück ca. 85 kcal, 2 g EW, 4 g F, 10 g KH

1 Für den Teig das Mehl in eine Schüssel sieben, in die Mitte eine Mulde drücken. Die Hefe in 60 ml lauwarmem Wasser auflösen und in die Mulde geben. Die Schüssel mit einem sauberen Küchentuch abdecken und den Vorteig ca. 10 Min. gehen lassen. 200 ml lauwarmes Wasser, 2 EL Öl und Salz hinzufügen und alles mit den Knethaken des Handrührgeräts kneten (Bild 1), bis ein homogener und elastischer Teig entsteht. Den Teig abdecken und an einem warmen Ort 30 – 40 Min. gehen lassen, bis sich das Volumen verdoppelt hat.

2 Den Teig auf einer bemehlten Arbeitsfläche mit den Händen kräftig kneten. Ein Backblech mit 2 EL Öl einfetten und gleichmäßig mit Polentagrieß bestreuen. Den Teig mit leicht bemehlten Händen auf dem Blech ca. 25 × 40 cm groß verteilen (Bild 2), abdecken und ca. 10 Min. gehen lassen.

3 Den Backofen auf 240° vorheizen. Für den Belag Tomaten und Thymian waschen. Die Tomaten trocken tupfen und halbieren, dabei die Stielansätze entfernen. Thymian trocken schütteln und die Blättchen abzupfen. Mit den Fingern gleichmäßig 40 Vertiefungen in den Teig drücken und je 1 Tomatenhälfte mit der Schnittfläche nach oben hineinsetzen (Bild 3). Mit Oregano, Thymian, Meersalz und Pfeffer bestreuen und mit übrigem Öl beträufeln. Die Focaccia im Ofen (Mitte) in ca. 12 Min. goldbraun backen.

4 Focaccia herausnehmen und sofort in 40 gleich große Würfel schneiden. Parmesan in dünnen Spänen darüberhobeln. Nach Belieben Salat- oder Kräuterblätter waschen und trocken schleudern und die Focaccia damit garnieren.

1

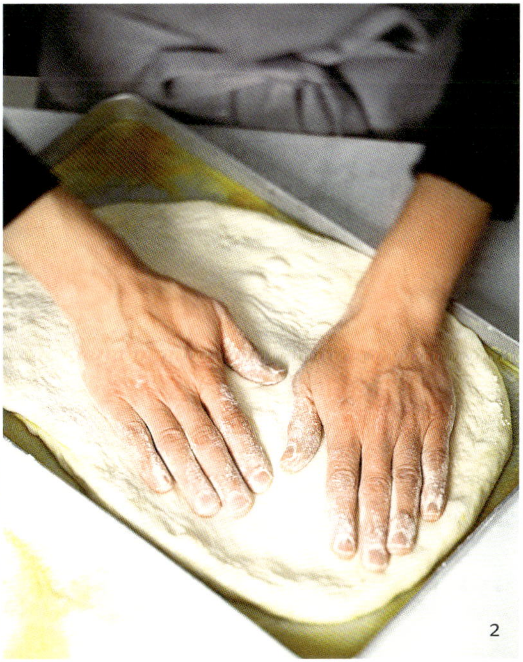
2

3

# MEDITERRANE TEIGSCHNECKEN

1 Bund Petersilie | 1 Bund Basilikum | 30 g frisch geriebener Parmesan | 3 EL Olivenöl | 20 g Pinienkerne | 1 Pck. Blätterteig (ca. 270 g, ca. 25 × 40 cm, aus dem Kühlregal) | Mehl zum Arbeiten

**Fast ohne Aufwand**

Für 42 Stück | 15 Min. Zubereitung | 30 Min. Tiefkühlen | 14 Min. Backen
Pro Stück ca. 70 kcal, 1 g EW, 5 g F, 4 g KH

**1** Petersilie und Basilikum waschen und trocken schleudern, die Blättchen grob hacken. Parmesan, Kräuter, Öl und Pinienkerne fein pürieren.

**2** Blätterteig auf einer bemehlten Arbeitsfläche dünn mit Mehl bestäuben und zu einem etwa 30 × 42 cm großen Rechteck ausrollen. Teig mit Pesto bestreichen, dabei an einer Längsseite einen 2 cm breiten Streifen freilassen und diesen mit Wasser bepinseln. Teig locker aufrollen, in Frischhaltefolie wickeln, mindestens 30 Min. tiefkühlen.

**3** Ofen auf 200° vorheizen. Backblech mit Backpapier auslegen. Teigrolle in ca. 1 cm dicke Scheiben schneiden, diese auf das Blech setzen. Im Ofen (Mitte) in 12 – 14 Min. goldbraun backen. Kurz auf Küchenpapier legen und warm servieren.

**VARIANTE TOMATEN- ODER OLIVENFÜLLUNG**
Sie möchten die Schnecken anders füllen? Kein Problem. Für eine Tomatenfüllung 50 g getrocknete Tomaten (in Öl) abtropfen lassen und mit 50 g geriebenem Parmesan fein pürieren.
Für eine Olivenfüllung 10 Sardellen (in Öl) und 60 g schwarze Oliven (ohne Stein, in Öl) abtropfen lassen und pürieren. Schnecken wie oben beschrieben füllen und fertigstellen.

# CURRY-CASHEWNÜSSE

50 g Zucker | 150 g Cashewnusskerne |
1 TL Currypulver

**Mit Aromakick**

Für 200 g | 15 Min. Zubereitung
Pro 100 g ca. 530 kcal, 13 g EW, 32 g F, 48 g KH

**1** Den Zucker in einer Pfanne erhitzen, bis er schmilzt und eine hellbraune Färbung bekommt. Mit ca. 50 ml Wasser ablöschen und aufkochen. Dann bei mittlerer Hitze ca. 2 Min. kochen lassen, bis sich der Karamell gelöst hat und das Wasser fast vollständig eingekocht ist.

**2** Die Cashewnusskerne dazugeben und in der Karamelllösung schwenken, bis sie rundum glänzen und der Karamell eine dunklere Farbe als der gelöste hat. So verdampft das Wasser vollständig und die Nüsse werden knackig.

**3** Das Currypulver gleichmäßig über die Nüsse streuen. Backpapier auf eine Arbeitsfläche legen, die heißen Cashewnusskerne daraufgeben und mithilfe eines Löffels oder einer Gabel so verteilen, dass beim Abkühlen keine großen Nusshäufchen entstehen. Die karamellisierten Curry-Cashewnüsse abkühlen lassen, dann in einer luftdichten Dose oder einem Schraubglas aufbewahren.

## TIPP

**Durch Luftfeuchtigkeit löst sich der Zucker. Das heißt, die Nüsse sind nach ein paar Tagen klebrig und nicht mehr so knackig. Verbrauchen Sie deshalb die Nüsse möglichst innerhalb von ein paar Tagen und achten Sie darauf, dass sie luftdicht verpackt sind!**

# MIT FLEISCH, FISCH & CO.

Wer die Wahl hat, hat die Qual: Bei diesen handlichen Klassikern mit Fleisch, Wurst, Fisch und Meeresfrüchten fällt die Entscheidung tatsächlich nicht leicht. Was soll es sein? Orientalisch, mediterran, asiatisch? Ich serviere meinen Gästen am liebsten eine bunte Mischung.

# MINIBURGER CLASSIC STYLE

**Selbst gemachte Burger sind einfach immer der Renner! Vor allem, wenn sie so wunderbar handlich daherkommen wie in diesem Fall.**

**Für die Burger:**
1 kg Rinderhackfleisch
Salz | Pfeffer
3 Spritzer Tabasco
Pflanzenöl für die Pfanne (z. B. Sonnenblumenöl)

**Für den Belag:**
5 Strauchtomaten
½ Bio-Salatgurke
2 rote Zwiebeln
300 g Eisbergsalat

**Außerdem:**
24 kleine Sesambrötchen (vom Bäcker; 6 cm ∅)
250 g Ketchup

**Klein, aber oho**

Für 24 Stück |
45 Min. Zubereitung
Pro Stück ca. 250 kcal,
14 g EW, 8 g F, 29 g KH

1 Das Hackfleisch in eine Schüssel geben, mit Salz, Pfeffer und Tabasco würzen. Aus der Masse mit leicht angefeuchteten Händen 24 kleine und ca. ½ cm dicke Burger formen.

2 Eine Grillpfanne leicht mit Öl einfetten und erhitzen. Die Burger darin bei mittlerer Hitze von beiden Seiten jeweils ca. 2 Min. grillen, bis sie gar sind. Dann aus der Pfanne nehmen.

3 Die Tomaten waschen und die Stielansätze entfernen. Die Tomaten in dünne Scheiben schneiden. Die Gurke waschen und ungeschält in dünne Scheiben schneiden. Die Zwiebeln schälen und ebenfalls in hauchdünne Scheiben schneiden oder auf einer Gemüsereibe hobeln. Nach Belieben die Zwiebelscheiben in sprudelnd kochendem Wasser ca. 3 Sek. blanchieren, dann herausnehmen, kalt abschrecken und trocken tupfen. Den Salat putzen, waschen, trocken schleudern und in grobe Streifen schneiden.

4 Die Brötchen waagerecht aufschneiden, jede Hälfte mit jeweils ½ EL Ketchup bestreichen. Die unteren Hälften mit Salatstreifen, einem Burger, Tomaten-, Gurken- und Zwiebelscheiben belegen, bis alles aufgebraucht ist. Die oberen Brötchenhälften daraufsetzen. Die Burger sofort servieren.

TIPP **Für selbst gebackene Brötchen den Backofen auf 220° vorheizen. Ein Backblech mit Backpapier auslegen. 2 Pck. Buttermilch-Brötchenteig aus dem Kühlregal (z. B. Knack und Back) aufrollen, jedes Brötchen halbieren und zu Kugeln formen. Auf das Blech setzen, mit Wasser bepinseln und mit den Sesamsamen bestreuen. Im Backofen (Mitte) in ca. 8 Min. goldbraun backen.**

# CHORIZO-TORTILLA-WÜRFEL

250 g festkochende Pellkartoffeln (vom Vortag) | 1 große rote Zwiebel | 2 Knoblauchzehen | ½ grüne Paprikaschote | 100 g Chorizo (am Stück, scharfe span. Paprikawurst) | 3 EL Olivenöl | 4 Eier (Größe M) | Salz | Pfeffer | 1 Handvoll Petersilienblättchen

**Spanisch rustikal**

Für 1 Tortilla von 24 cm ∅ (16 Stücke) |
35 Min. Zubereitung | 10 Min. Backen
Pro Stück ca. 60 kcal, 3 g EW, 4 g F, 3 g KH

**1** Die Kartoffeln pellen und in ca. 1 cm dicke Scheiben schneiden. Zwiebel und Knoblauch schälen und beides fein würfeln. Die Paprikahälfte putzen, waschen, mit einem Sparschäler grob schälen und in feine Würfel schneiden. Die Chorizo pellen und ebenfalls fein würfeln.

**2** Den Ofen auf 200° vorheizen. Das Öl in einer beschichteten Pfanne (24 cm ∅) mit ofenfestem Griff erhitzen. Kartoffeln, Zwiebel, Knoblauch, Paprika- und Chorizowürfel darin unter gelegentlichem Wenden bei mittlerer Hitze ca. 5 Min. anbraten.

**3** Inzwischen die Eier in einer Schüssel mit etwas Salz und Pfeffer verquirlen. Dann in die Pfanne geben und die Eier mit einem Spatel gleichmäßig verteilen, dabei die Zutaten rundum etwas andrücken.

**4** Die Eiermasse im Backofen (Mitte) in ca. 10 Min. vollständig stocken lassen. Die Pfanne mit der Tortilla herausnehmen, die Tortilla auf ein Küchenbrett gleiten lassen, mit Petersilienblättchen bestreuen und nach Belieben in 16 ca. 4 × 4 cm große Würfel oder Rauten schneiden.

## TIPP

**Die Tortilla schmeckt warm und kalt. Sie möchten die Tortilla vorbereiten, aber warm servieren? Kein Problem. Mit Alufolie abgedeckt lässt sie sich im vorgeheizten Backofen bei 130° in ca. 10 Min. wieder erwärmen. Prinzipiell sollten Sie beim Erwärmen Ihrer Häppchen darauf achten, dass nichts austrocknet. Also lieber mit Alufolie abdecken und nur kurz erwärmen.**

## SPECKDATTELN

12 Scheiben durchwachsener Speck | 24 getrocknete Datteln | 24 Walnusskernhälften

**Deftige Klassiker**

Für 24 Stück | 30 Min. Zubereitung
Pro Stück ca. 75 kcal, 1 g EW, 5 g F, 6 g KH

1 Den Backofen auf 200° vorheizen. Ein Backblech mit Backpapier auslegen. Die Speckscheiben der Länge nach halbieren. Die Datteln ebenfalls längs aufschneiden und jeweils den Stein entfernen. Anschließend die Datteln mit je 1 Walnusshälfte füllen. Das Dattelfleisch über den Walnusskernen fest zusammendrücken und anschließend jede gefüllte Dattel mit ½ Scheibe durchwachsenem Speck umwickeln.

2 Die Speckdatteln auf das Backblech setzen und im Backofen (Mitte) in ca. 15 Min. knusprig und braun backen. Dabei zwischendurch die Speckdatteln einmal wenden. Die Speckdatteln aus dem Backofen nehmen und sofort heiß servieren oder kurz vor dem Servieren nochmals im Backofen erwärmen (siehe Tipp S. 22).

## PARMARÖLLCHEN

150 ml Orangensaft | 4 getrocknete Feigen | 250 g Schafskäse (Feta) | 10 Zweige Thymian | 10 Scheiben Parmaschinken

**Raffiniert**

Für 20 Stück | 30 Min. Zubereitung
Pro Stück ca. 55 kcal, 4 g EW, 3 g F, 3 g KH

1 Den Backofen auf 200° vorheizen. Ein Backblech mit Backpapier auslegen. Den Orangensaft in einem Topf aufkochen, dann die Feigen darin ca. 5 Min. köcheln lassen. Die Feigen herausnehmen, abtropfen lassen und jeweils in 5 Scheiben schneiden. Den Käse in 20 Portionen schneiden. Den Thymian waschen und trocken schütteln, die Blättchen abzupfen.

2 Den Schinken quer halbieren, auf das untere Drittel je 1 Stück Käse und 1 Feigenscheibe setzen. Mit Thymian bestreuen und den Schinken aufrollen. Die Parmaröllchen auf das Backblech setzen und im Backofen (Mitte) in ca. 15 Min. knusprig backen. Dabei die Röllchen einmal wenden. Die Röllchen herausnehmen und heiß servieren.

# CHICKENDRUMS TERIYAKI

12 Hähnchenunterkeulen (ca. 1,2 kg) | 50 g frischer Ingwer | 4 Knoblauchzehen | 2 Schalotten | 1 TL schwarze Pfefferkörner | 2 rote Chilischoten | 2 Limetten | 75 ml trockener Sherry (ersatzweise Miso-Brühe) | 120 g Honig | 80 ml helle Sojasauce | 1 EL Fischsauce | 3 EL ungesalzene, geröstete Erdnüsse

**Gut vorzubereiten**

Für 12 Stück | 25 Min. Zubereitung | 4 Std. oder über Nacht Marinieren | 1 Std. 20 Min. Backen
Pro Stück ca. 195 kcal, 24 g EW, 10 g F, 10 g KH

**1** Die Haut der Unterkeulen knapp oberhalb des Knochengelenks rundum einschneiden (so liegt am Ende der Knochen zum Greifen frei) und in eine flache Form legen. Für die Marinade Ingwer, Knoblauch und Schalotten schälen und fein hacken. Die Pfefferkörner in einem Mörser zerstoßen. Die Chilischoten längs aufschneiden, entkernen, waschen und in feine Würfel schneiden. Den Saft der Limetten auspressen.

**2** Limettensaft, Sherry, Honig, Sojasauce und Fischsauce verrühren. Ingwer, Knoblauch, Schalotten, Pfeffer und Chiliwürfel dazugeben und unterrühren. Die Marinade über den Unterkeulen verteilen. Die Form mit Frischhaltefolie abdecken und mindestens 4 Std. oder über Nacht im Kühlschrank marinieren, dabei einmal durchmischen.

**3** Den Backofen auf 200° vorheizen. Unterkeulen mit Marinade in eine ofenfeste Form geben und im Ofen (Mitte) 60 – 80 Min. backen, dabei die Unterkeulen mehrfach wenden und immer wieder mit der Marinade begießen. Die Erdnüsse grob hacken. Die Chickendrums herausnehmen, mit Erdnüssen bestreuen und servieren.

# SPICY LAMMFILETSPIESSE

2 Knoblauchzehen | je 2 Zweige Rosmarin und Thymian | 1 kleine getrocknete Chilischote | je ½ TL Koriander- und Kardamomsamen | 4 EL Olivenöl | 10 Lammfilets (ca. 600 g) | 3 rote Paprikaschoten | Salz | Pfeffer | 12 kleine Holzspieße

**Zum Gäste-Verwöhnen**

Für 12 Spieße |
35 Min. Zubereitung | 2 Std. Marinieren
Pro Spieß ca. 110 kcal, 14 g EW, 5 g F, 1 g KH

**1** Knoblauch schälen, fein hacken. Rosmarin und Thymian waschen und trocken schütteln, Nadeln und Blättchen abzupfen. Chilischote, Koriander- und Kardamomsamen im Mörser zerstoßen. Mit 3 EL Öl, Knoblauch, Rosmarin und Thymian verrühren. Die Lammfilets in Stücke à ca. 2,5 cm schneiden und in der Marinade mind. 2 Std. marinieren.

**2** Die Paprikaschoten halbieren, putzen, waschen und grob schälen. Dann die Paprikahälften in ca. 2 cm große Würfel schneiden. 1 EL Öl in einer Pfanne erhitzen, die Paprikawürfel darin ca. 2 Min. andünsten, alles mit Salz und Pfeffer würzen. Dann abkühlen lassen.

**3** Die Fleisch- und Paprikawürfel abwechselnd auf kleine Holzspieße stecken. Eine Grillpfanne erhitzen, die Spieße darin rundum in ca. 4 Min. scharf anbraten. Die Lammfiletspieße aus der Pfanne nehmen und sofort heiß servieren.

## TIPP

**Dazu serviere ich einen Dip, angerührt aus 250 g Crème fraîche, je ½ TL gemahlenem Kreuzkümmel, schwarzen Sesamsamen und Zucker. Abgeschmeckt mit Salz, Pfeffer, 1 Prise Cayennepfeffer und dem Saft ½ Zitrone.**

# SOMMERROLLEN MIT ENTE

Edles mit Schärfe-Kick: Mit diesem Klassiker aus Vietnam kann man sich während der Party am Büfett ganz flugs nach Asien träumen.

**Für die Füllung:**
2 Entenbrüste (à 300 g)
Salz | Pfeffer
30 g Reis-Fadennudeln
je 5 Stängel Minze, Koriandergrün und Thai-Basilikum
2 milde rote Peperoni (ersatzweise 1 rote Paprikaschote)
½ kleiner Eisbergsalat
50 g frischer Ingwer
1 EL geriebener Palmzucker (ersatzweise brauner Zucker)
1 EL Limettensaft
20 Blatt Reispapier (20 cm ∅)

**Für den Dip:**
2 EL Sesamsamen
1 Knoblauchzehe
1 rote Chilischote
50 ml Fischsauce
20 ml Limettensaft
30 ml Reisessig
2 – 3 EL geriebener Palmzucker (ersatzweise brauner Zucker)

**Machen was her**

Für 20 Stück |
1 Std. 30 Min. Zubereitung
Pro Stück ca. 110 kcal,
7 g EW, 4 g F, 12 g KH

**1** Backofen auf 200° vorheizen. Die Haut der Entenbrüste mit einem scharfen Messer mehrfach leicht einschneiden, salzen und pfeffern. Eine ofenfeste Pfanne erhitzen, das Fleisch darin mit der Hautseite nach unten bei mittlerer Hitze ca. 5 Min. braten, bis die Haut braun ist. Dann das Fleisch wenden und im Backofen (Mitte) in 4-6 Min fertig garen. Die Entenbrüste herausnehmen, abkühlen lassen und in dünne Streifen schneiden.

**2** Reis-Fadennudeln in einer Schüssel mit heißem Wasser übergießen und ca. 15 Min. ziehen lassen. Dann abtropfen lassen, trocken tupfen und mit einer Küchenschere in ca. 5 cm lange Bahnen schneiden. Minze, Koriandergrün und Thai-Basilikum waschen und trocken schleudern. Minze- und Basilikumblättchen abzupfen, Koriander mit Stielen grob hacken. Peperoni längs aufschneiden, entkernen, waschen und in sehr dünne Streifen schneiden. Den Salat waschen, trocken schleudern und ebenfalls in Streifen schneiden. Ingwer schälen, fein reiben, mit Palmzucker und Limettensaft verrühren. Alle vorbereiteten Zutaten für die Füllung, bis auf den Salat, mischen.

**3** Ein Backblech mit einem feuchten Tuch auslegen. Das Reispapier nach Packungsangabe in kaltem Wasser einweichen und auf einem sauberen Küchentuch glatt ausbreiten. Auf jedes Reisblatt etwas Salat mittig auf das untere Drittel setzen, darauf 1 – 2 EL der Füllung verteilen. Das Reispapier an den Seiten über die Füllung schlagen und vorsichtig aufrollen. Die Röllchen nebeneinander auf das Backblech legen und mit einem feuchten Küchentuch bis zum Servieren abdecken.

**4** Für den Dip die Sesamsamen in einer kleinen Pfanne ohne Fett rösten. Den Knoblauch schälen und fein würfeln. Chilischote längs aufschneiden, entkernen, waschen und ebenfalls fein würfeln. Beides mit 100 ml Wasser, Fischsauce, Limettensaft, Reisessig, Palmzucker und Sesamsamen verrühren. Zum Servieren die Röllchen nach Belieben quer halbieren und mit dem Dip servieren.

# FORELLE AUF ROGGEN-KNÄCKE

1 Stück frischer Meerrettich (ca. 100 g) | 1 EL Zitronensaft | 150 g Crème fraîche | Salz | Pfeffer | Zucker | 8 Scheiben dünnes Roggen-Knäckebrot (z. B. Finn Crisp) | 200 g geräuchertes Forellenfilet | ½ Bund Schnittlauch (ersatzweise ½ Kästchen Gartenkresse)

**Gelingt leicht**

Für 24 Stück | 25 Min. Zubereitung
Pro Stück ca. 50 kcal, 2 g EW, 3 g F, 3 g KH

**1** Den Meerrettich mit einem Sparschäler schälen, auf dem Gemüsehobel fein reiben und sofort in einer kleinen Schüssel mit dem Zitronensaft verrühren, damit er nicht braun wird. Die Crème fraîche in eine Schüssel geben, dann mit etwas Salz, Pfeffer und 1 Prise Zucker mit einem Schneebesen cremig aufschlagen und anschließend den frisch geriebenen Meerrettich unterheben.

**2** Die Knäckebrotscheiben dritteln und dünn mit der Meerrettichcreme bestreichen. Das Forellenfilet in mundgerechte Stücke zupfen und die Knäckebrotdrittel damit belegen.

**3** Den Schnittlauch waschen, trocken schütteln und in Röllchen schneiden. Die Forellenfiletstücke mit den Schnittlauchröllchen bestreuen und mit frisch gemahlenem Pfeffer würzen. Die Häppchen sofort servieren.

## TIPP

Wer möchte, ersetzt den Zitronensaft für die Meerrettichcreme durch 1 TL Senf und belegt das Knäckebrot statt mit Forelle mit dünnen Roastbeefscheiben. Und wer weder Fisch noch Fleisch mag, legt auf die Meerrettichcreme 2–3 Scheiben von hart gekochten Eiern, garniert mit etwas Gartenkresse.

# GEBEIZTER LACHS AUF CHIPS

1 sehr frische Lachsseite (ca. 700 g, geschuppt und entgrätet) | 2 Bio-Orangen | 5 g schwarze Pfefferkörner | 20 g Sternanis | 15 Lorbeerblätter | 100 g grobes Salz | 120 g Zucker | ½ Bund Dill | 30 große Kartoffelchips | 1 TL rosa Pfefferkörner (nach Belieben)

## Edles mit Crunch

Für 30 Stück |
30 Min. Zubereitung | 48 Std. Marinieren
Pro Stück ca. 80 kcal, 5 g EW, 4 g F, 5 g KH

**1** Den Lachs kalt abbrausen und mit Küchenpapier trocken tupfen. Die Hautseite mit einem scharfen Messer leicht einritzen. Die Orangen heiß waschen, abtrocknen und die Schale fein abreiben. Pfefferkörner, Sternanis und Lorbeerblätter im Mörser mit einem Stößel zerkleinern, dann mit Orangenschale, Salz und Zucker mischen.

**2** Eine passende, längliche Form mit einem Drittel der Gewürzmischung ausstreuen und den Lachs mit der Hautseite nach unten darauflegen. Die Fleischseite mit der restlichen Gewürzmischung bestreuen. Die Form mit Frischhaltefolie abdecken. Den Lachs mit einem Holzbrett beschweren. Die Form in den Kühlschrank stellen und den Lachs ca. 48 Std. marinieren, dabei zwischendurch einmal wenden.

**3** Zum Servieren die Gewürzmischung vorsichtig mit einem Messer abschaben. Den Lachs vorsichtig aus der Form nehmen und nach Belieben in dünne oder etwas dickere Scheiben schneiden. Den Dill waschen und trocken schütteln, die Dillspitzen abzupfen. Die Kartoffelchips mit Lachsscheiben belegen. Den Lachs mit Dillspitzen und nach Belieben mit rosa Pfefferkörnern garnieren und sofort servieren.

# GARNELEN-ANANAS-SPIESSE

**Diese Spießchen sind einer meiner Favoriten: Frische Kräuter und eine würzige Marinade bringen das besondere Aroma und die Ananas dazu süße Frische.**

**Für die Spieße:**
12 TK-Garnelen (küchenfertig, ca. 500 g)
300 g frische Ananas (ohne Schale)
je 1 Handvoll Minzeblättchen und Koriandergrün (nach Belieben)
Salz | Pfeffer
**Für die Marinade:**
2 EL Honig
3 EL Zitronensaft
3 EL helle Sojasauce
1 EL Fischsauce
1 Prise Zimtpulver
**Für die Sauce:**
50 g rote Peperoni
150 g Zucker
150 ml Zitronensaft
1 EL Speisestärke
**Außerdem:**
12 Holzspieße

**Mit Schärfe-Kick**

Für 12 Spieße | 40 Min. Zubereitung
Pro Spieß ca. 110 kcal, 6 g EW, 0 g F, 20 g KH

1 Die Garnelen auftauen lassen. Für die Marinade den Honig mit Zitronensaft, Soja- und Fischsauce sowie Zimtpulver verrühren.

2 Die aufgetauten Garnelen kalt abbrausen und mit Küchenpapier trocken tupfen. Die Ananas von dem harten Strunk befreien und in ca. 3 × 2 cm große Stücke schneiden. Je 2 Ananasstücke und 1 Garnele abwechselnd auf Holzspieße stecken. Die Spieße in eine passende Form legen und die Marinade darüber verteilen. Mit Frischhaltefolie abdecken und mindestens 30 Min. kühl stellen, dabei zwischendurch die Spieße 1- bis 2-mal wenden.

3 Inzwischen für die Sweet-Chili-Sauce die Peperoni waschen, trocken tupfen und in Ringe schneiden. Mit Zucker, Zitronensaft und 100 ml Wasser in einen Topf geben und aufkochen, dann offen bei kleiner Hitze ca. 5 Min. köcheln lassen. Den Topf beiseitestellen und die Sauce mit einem Pürierstab pürieren. Die Sauce erneut aufkochen. Die Stärke mit etwas kaltem Wasser anrühren und in die kochende Sauce rühren. Die Sauce weitere 2 Min. köcheln und dann abkühlen lassen.

4 Zum Servieren die Minze- und Korianderblättchen waschen, trocken schleudern und abzupfen. Die Spieße aus der Marinade nehmen, mit Salz und Pfeffer würzen. Eine Grillpfanne erhitzen, die Spieße darin von beiden Seiten in ca. 1 Min. scharf anbraten. Die Spieße anrichten, mit Minze und Koriander bestreuen und sofort mit der Sauce servieren.

## TIPP

**Wer möchte, kann die Sauce auf Vorrat zubereiten. Dann die Sauce in ein sauberes Schraubglas füllen und kühl stellen.**

# WAN-TANS MIT KRABBENSALAT

**Crossover vom Feinsten: Frittierte Wan-Tans sorgen für den Crunchfaktor, das Aromenfeuerwerk des Toppings für den Wow-Effekt!**

10 TK-Wan-Tan-Blätter (à 9 × 9 cm, Asialaden)

**Für den Salat:**

½ Vanilleschote
4 EL Traubenkernöl
½ TL Currypulver
100 g Berglinsen
½ Limette
1 grüner Apfel (z. B. Granny Smith)
4 Stängel Koriandergrün (ersatzweise Minze)
250 g Nordsee-Krabben
Salz | Pfeffer
1 Prise Zucker

**Außerdem:**

400 ml Pflanzenöl zum Frittieren (z. B. Sonnenblumenöl)
etwas Koriandergrün zum Garnieren

Nordsee meets Asia

Für 20 Stück | 50 Min. Zubereitung
Pro Stück ca. 75 kcal, 4 g EW, 4 g F, 6 g KH

1 Wan-Tan-Blätter auftauen lassen. Inzwischen die Vanilleschote längs aufschneiden, das Mark herauskratzen. Mit Öl und Currypulver in einen Topf geben und bei mittlerer Hitze leicht erwärmen, sodass das Currypulver sein Aroma entfalten kann. Den Topf beiseitestellen und die Mischung ca. 15 Min. ziehen lassen.

2 Linsen in kochendem Wasser ohne Salz in ca. 15 Min. garen, in einem Sieb kalt abschrecken. Saft der Limettenhälfte auspressen. Apfel waschen, vierteln, entkernen und ca. ½ cm groß würfeln. Sofort mit dem Limettensaft verrühren. Koriandergrün waschen und trocken schütteln, Blättchen und Stiele hacken. Mit Linsen, Apfelwürfeln und Krabben mischen. Das Vanille-Curry-Öl untermischen. Salat mit Salz, Pfeffer und Zucker würzen und kühl stellen. Ca. 30 Min. vor dem Servieren aus dem Kühlschrank nehmen.

3 Die Wan-Tan-Blätter mit einem Messer diagonal halbieren. Das Öl zum Frittieren in einem hohen Topf erhitzen (es ist heiß genug, wenn an einem Holzlöffel, den man hineinhält, kleine Bläschen aufsteigen). Jeweils 3–4 Teigdreiecke vorsichtig einzeln in das heiße Fett gleiten lassen und unter behutsamem Rühren mit einem Holzlöffel in 20–40 Sek. goldbraun frittieren. Dann mit einer Schaumkelle herausheben und auf Küchenpapier abtropfen lassen. Je 1 EL Salat auf die Dreiecke geben und mit abgezupftem Koriandergrün garnieren. Sofort servieren.

## TIPP

Wan-Tan-Blätter gibt es nur in großer Stückzahl, aber das ist kein Problem: Ich lasse sie gerade so weit auftauen, dass ich die benötigten Blätter abnehmen kann, die übrigen wickle ich eng und fest in Frischhaltefolie und friere sie erneut ein.

# FÜR VEGGIE-FANS

Vielfalt ist der Schlüssel zum perfekten Fingerfood-Büfett, nutzen Sie deshalb die große Bandbreite der Veggie-Küche: kräuterfrisch-mediterran, orientalisch-würzig und mal erfrischend anders. Probieren Sie sich einfach durch meine Favoriten!

# ZWEIERLEI MINIPIZZAS

**Gibt es Leute, die Pizza nicht mögen? Ich kenne jedenfalls niemanden, der sich nicht über diese leckere Erinnerung an den letzten Italienurlaub gefreut hätte.**

**Für den Hefeteig:**
250 g Mehl
¼ Würfel frische Hefe (10 g)
½ TL Zucker
1 TL Salz
3 EL Olivenöl
**Für den weißen Belag:**
80 g Mozzarella
50 g Parmesan
1 kleine rote Zwiebel
1 TL getrockneter Oregano
**Für den roten Belag:**
½ Bund Rucola
100 ml passierte Tomaten
3 EL Kapern
20 schwarze Oliven (ohne Stein, in Öl)
Salz | Pfeffer
**Außerdem:**
Mehl zum Arbeiten

Fingerfood all'italiano

Für 20 Stück (à ca. 6 cm ∅) | 40 Min. Zubereitung | 55 Min. Gehen | 14 Min. Backen pro Blech
Pro Stück ca. 85 kcal, 3 g EW, 4 g F, 10 g KH

1 Für den Teig das Mehl in eine Schüssel sieben, in die Mitte eine Mulde drücken. Die Hefe in 50 ml lauwarmem Wasser auflösen. Mit Zucker in die Mitte geben. Die Schüssel mit einem sauberen Küchentuch abdecken und den Vorteig ca. 10 Min. gehen lassen. Salz und Öl dazugeben und mit den Knethaken des Handrührgeräts kneten, dabei langsam 100 ml lauwarmes Wasser einarbeiten, bis der Teig elastisch ist. Den Teig wieder abdecken und an einem warmen Ort ca. 45 Min gehen lassen, bis sich das Volumen verdoppelt hat.

2 Den Teig auf einer bemehlten Arbeitsfläche mit den Händen durchkneten, zu einer Rolle formen und in 20 gleich große Portionen teilen. Zwei Backbleche mit Backpapier auslegen. Die Teigportionen zu Kugeln formen und mit einem Nudelholz zu dünnen Fladen (à ca. 6 cm ∅) mit einem etwas dickeren Rand ausrollen und auf die Bleche legen.

3 Für den weißen Belag den Mozzarella grob reiben und in einem Sieb abtropfen lassen (eventuell über Nacht). Den Parmesan fein reiben. Die Zwiebel schälen, halbieren und in feine Streifen schneiden. Für den roten Belag den Rucola putzen, waschen und trocken schleudern.

4 Den Backofen auf 230° vorheizen. Die Hälfte der Fladen mit Zwiebelstreifen belegen, mit Mozzarella, Parmesan und Oregano bestreuen. Übrige Fladen mit passierten Tomaten bestreichen, mit Kapern und Oliven belegen und mit Salz und Pfeffer würzen. Die Pizzas nacheinander im Ofen (unten) 11–14 Min. backen. Die roten Pizzas mit Rucola belegen. Die Pizzas sofort servieren.

SIZE
KRAFT ENVELOPE

# CROSTINI MIT PILZEN

**500 g Pilze (z. B. Pfifferlinge, Steinpilze, Champignons oder Kräuterseitlinge) | 3 Knoblauchzehen | 1 Bund Thymian | 8 EL Olivenöl | Salz | Pfeffer | 200 g Roquefort | ½-¾ Baguette**

**Fein im Herbst**

Für 20 Stück | 40 Min. Zubereitung
Pro Stück ca. 115 kcal, 4 g EW, 7 g F, 8 g KH

**1** Die Pilze putzen, trocken abreiben und in Scheiben schneiden. Den Knoblauch schälen und fein hacken. Den Thymian waschen und trocken schütteln, die Blättchen abzupfen.

**2** Die Pilze in 2 Portionen braten. Dafür in einer breiten Pfanne je 2 EL Öl erhitzen. Jeweils die Hälfte der Pilze in die Pfanne geben und scharf anbraten, bis die gesamte Flüssigkeit verdampft ist. Jeweils die Hälfte von dem Knoblauch hinzufügen und ca. 2 Min. mitbraten. Mit Salz und Pfeffer würzen. Die Pilze in eine Schüssel geben. Einige Thymianblättchen beiseitestellen, die übrigen Blättchen unter die Pilze rühren. Den Käse in 20 gleich große Scheiben schneiden.

**3** Etwa 15 Min. vor dem Servieren den Backofengrill auf 230° vorheizen. Baguette in 20 Scheiben schneiden. Die Scheiben auf ein Backofengitter setzen, mit übrigem Öl beträufeln und unter dem Backofengrill (oben) in 1 – 2 Min. goldbraun rösten.

**4** Das Backofengitter herausnehmen, die Brotscheiben wenden und mit den Pilzen gleichmäßig belegen. Jeweils 1 Scheibe Käse auf die Crostini legen und die Scheiben nochmals im Ofen 1 – 2 Min. rösten, bis der Käse leicht schmilzt. Die Crostini mit den restlichen Thymianblättchen bestreuen und sofort servieren.

# RICOTTA-ZWIEBEL-QUICHE

1 Pck. Blätterteig (ca. 270 g, 25 × 40 cm, aus dem Kühlregal) | 12 Frühlingszwiebeln | 1 EL Olivenöl | Salz | Pfeffer | 2 EL Zucker | 100 ml Aceto balsamico | 500 g Ricotta (ital. Frischkäse) | 2 Eier (Größe M) | Butter für die Form | Mehl zum Arbeiten

**Perfekt vorzubereiten**

Für 1 Tarteform von 28 cm Ø (12 Stücke) |
30 Min. Zubereitung | 25 Min. Backen
Pro Stück ca. 205 kcal, 6 g EW, 14 g F, 14 g KH

**1** Die Tarteform mit Butter einfetten. Den Blätterteig auf einer leicht bemehlten Arbeitsfläche mit einem Nudelholz zuerst zu einem 42 × 32 cm großen Rechteck ausrollen, dann aus dem Teig einen Kreis (ca. 32 cm Ø) ausschneiden. Den Teigkreis in die Form setzen und am Rand andrücken. (Übrige Teigreste anderweitig verwenden.)

**2** Die Frühlingszwiebeln putzen, waschen und in mundgerechte Stücke schneiden. In einer kleinen Pfanne das Öl erhitzen, die Frühlingszwiebeln und 100 ml Wasser dazugeben, mit Salz und Pfeffer würzen. Die Frühlingszwiebeln in 1 – 2 Min. weich dünsten, anschließend aus der Pfanne nehmen. Den Zucker in derselben Pfanne erhitzen, bis er zu schmelzen beginnt. Mit dem Essig ablöschen und offen bei mittlerer Hitze sirupartig einkochen lassen. Den Sirup beiseitestellen.

**3** Den Backofen auf 200° vorheizen. Ricotta mit Salz, Pfeffer und Eiern in einer Schüssel mit einem Schneebesen verrühren und auf dem Blätterteig verteilen. Die Masse mit den Frühlingszwiebeln belegen und mit Sirup beträufeln. Die Tarte im Ofen (Mitte) ca. 25 Min. backen, bis der Teig goldbraun und der Ricotta gestockt ist. Die Quiche lauwarm oder kalt in Stücken servieren.

# SALATRÖLLCHEN MIT MELONE

Erfrischendes für laue Sommernächte auf der Terrasse: Ein würziger Minze-Dip gibt den leichten Röllchen den letzten Schliff.

**Für den Dip:**
½ Bund Minze
250 g Schmand
3 EL Olivenöl
2 EL Limettensaft
1–2 EL Zucker
Salz | Pfeffer
½ TL gemahlener Kreuzkümmel
2–3 Spritzer Tabasco

**Für die Röllchen:**
½ Salatgurke
250 g Wassermelonenfruchtfleisch
250 g Mozzarella oder Schafskäse (Feta)
1 roter Peperoncino
1 Bund Basilikum
12 Blätter Römersalat

**Außerdem:**
24 kleine Holzspieße

Frisch und fruchtig

Für 24 Stück |
30 Min. Zubereitung
Pro Stück ca. 70 kcal,
2 g EW, 6 g F, 3 g KH

1 Für den Dip die Minze waschen und trocken schleudern, die Blättchen abzupfen und sehr fein hacken. Die Minze mit Schmand, Öl, Limettensaft, Zucker, Salz, Pfeffer und Kreuzkümmel verrühren. Den Dip mit Tabasco pikant abschmecken.

2 Für die Röllchen die Salatgurke schälen. Gurke, Wassermelone und Käse in ca. 5 cm lange und ca. ½ cm breite Stifte schneiden. Schafskäse eventuell etwas breiter und kürzer schneiden (er bricht leicht). Peperoncino waschen, längs aufschneiden, entkernen und in hauchdünne ca. 5 cm lange Streifen schneiden. Basilikum und Römersalat waschen und trocken schleudern. Die Basilikumblättchen abzupfen. Den Strunk der Römersalatblätter entfernen, die Blätter der Länge nach halbieren.

3 Die Salatblätter nebeneinander auf eine Arbeitsfläche legen. Die Gurken-, Melonen- und Käsestifte, Peperoncinostreifen sowie die Basilikumblättchen gleichmäßig darauf verteilen. Die Salatblätter aufrollen und die Röllchen mit jeweils einem Holzspießchen feststecken. Die Röllchen mit dem Dip servieren.

## VARIANTE MIT HÄHNCHENBRUST

Wenn es mal nicht vegetarisch sein soll, nehme ich Hähnchenfleisch anstelle von Käse. Das passt geschmacklich auch sehr gut zur Wassermelone. Dafür dann 200 g Hähnchenbrustfilet in mundgerechte Streifen schneiden. Die Streifen mit Salz, Pfeffer und ½ TL Currypulver würzen. 1 EL Olivenöl in einer breiten Pfanne erhitzen, die Hähnchenstreifen darin bei mittlerer Hitze in 2–3 Min. rundum anbraten. Das Fleisch herausnehmen und abkühlen lassen. Röllchen wie in Schritt 3 beschrieben füllen und aufrollen.

# FALAFELTASCHEN MIT KRAUTSALAT

**Streetfood goes Fingerfood: Wenn Kichererbsenbällchen zusammen mit rotem Krautsalat in Fladenbrot gepackt werden, greift jeder gerne zu.**

**Für den Krautsalat:**
300 g Rotkohl
150 g Joghurt
3 EL Apfelessig
Salz | Pfeffer
½ Bund Koriandergrün
**Für die Falafeln:**
1 Zwiebel
3 Knoblauchzehen
1 Dose Kichererbsen (à 265 g Abtropfgewicht)
1 EL Olivenöl
½ TL gemahlener Kreuzkümmel
1 Ei (Größe M)
7 EL Polentagrieß
Salz | Pfeffer
1 Prise Cayennepfeffer
400 ml Pflanzenöl zum Frittieren (z. B. Sonnenblumenöl)
**Außerdem:**
3 Strauchtomaten
2 Fladenbrote (à ca. 500 g)

**Orientexpress**

Für 12 Stücke |
1 Std. Zubereitung
Pro Stück ca. 330 kcal,
12 g EW, 7 g F, 55 g KH

1 Für den Krautsalat den Rotkohl putzen und den harten Strunk entfernen. Den Kohl mit einem scharfen Messer oder auf dem Gemüsehobel in hauchdünne Streifen schneiden. Für das Dressing Joghurt, Essig, Salz und Pfeffer in einer Schüssel verrühren. Das Koriandergrün waschen, trocken schleudern und grob hacken. Rotkohl und Koriandergrün mit dem Dressing vermischen.

2 Für die Falafeln Zwiebel und Knoblauch schälen und beides in kleine Würfel schneiden. Die Kichererbsen in ein Sieb abgießen, kalt abbrausen und abtropfen lassen. Olivenöl in einer Pfanne erhitzen, Zwiebel und Knoblauch darin glasig dünsten. Kichererbsen mit Kreuzkümmel, Zwiebel und Knoblauch pürieren. Das Ei und 4 EL Polentagrieß hinzufügen und untermixen. Die Masse mit Salz, Pfeffer und Cayennepfeffer würzen. Aus der Kichererbsenmasse mit feuchten Händen 24 gleich große Bällchen formen und in dem übrigen Polentagrieß wälzen. Tomaten waschen, in Scheiben oder Würfel schneiden und beiseitestellen.

3 Das Pflanzenöl in einen hohen Topf geben und erhitzen (es ist heiß genug, wenn an einem Holzlöffel, den man hineinhält, kleine Bläschen aufsteigen), die Kichererbsenbällchen darin in 4 Portionen in ca. 2 Min. goldbraun ausbacken. Die Bällchen mit einer Schaumkelle aus dem Topf heben und sofort auf Küchenpapier kurz abtropfen lassen.

4 Kurz vor dem Servieren die Fladenbrote nach Packungsangabe aufbacken und jeweils sechsteln. Die warmen Fladenstücke auf-, aber nicht durchschneiden, mit Krautsalat, Tomatenscheiben und jeweils 2 heißen Falafeln füllen und sofort servieren.

# PAPADAMS MIT GUACAMOLE

400 ml Pflanzenöl zum Frittieren (z. B. Sonnenblumenöl) | 10 Papadams (ind. Fladen aus Linsenmehl, Asialaden) | 1 Bio-Zitrone | 5 Avocados | 8 EL gutes Olivenöl | Salz | 1 rote Zwiebel | 1 rote Chilischote | 6 Strauchtomaten | 1 Bund Koriandergrün | Pfeffer

**Import aus Indien**

Für 60 Portionen | 40 Min. Zubereitung
Pro Portion ca. 65 kcal, 0 g EW, 6 g F, 1 g KH

**1** Öl zum Frittieren in einem breiten Topf erhitzen (es ist heiß, wenn an einem Holzlöffel, den man hineinhält, kleine Bläschen aufsteigen). Papadams darin nacheinander goldbraun ausbacken, dann auf Küchenpapier abtropfen lassen.

**2** Die Zitrone heiß waschen und abtrocknen, die Schale fein abreiben und den Saft auspressen. Avocados halbieren, Steine entfernen. Fruchtfleisch herauslösen und in eine Schüssel geben. Mit Zitronenschale und -saft, 5 EL Olivenöl und Salz fein pürieren, nochmals salzen und pfeffern. Guacamole direkt an der Oberfläche mit Frischhaltefolie bedecken und kühl stellen.

**3** Zwiebel schälen und fein würfeln. Chilischote längs aufschneiden, entkernen, waschen und hacken. Tomaten waschen, von den Stielansätzen befreien und klein würfeln. Koriandergrün waschen und trocken schleudern, Blättchen und Stiele hacken. Zwiebel, Chilischote, Tomaten, Koriander und 3 EL Olivenöl mischen. Salsa salzen und pfeffern.

**4** Papadams in grobe Stücke brechen, je 1 Klecks Guacamole und 1 EL Salsa daraufgeben. Sofort servieren. Wer möchte, kann Guacamole und Salsa getrennt in Schälchen zu den Papadams servieren.

# KÜRBIS MIT ZIEGENKÄSE

3 EL Pinienkerne | 150 g Kürbisfleisch ohne Schale (z. B. Butternuss- oder Muskatkürbis) | 2 EL Olivenöl | Salz | 24 Minzeblättchen | 3 kleine Ziegenfrischkäsetaler (z. B. Picandou) | grob gemahlener schwarzer Pfeffer | 6 EL alter Aceto balsamico (ersatzweise Balsamicocreme) | 12 kleine Holzspieße

**Herbstlicher Hochgenuss**

Für 12 Stück | 20 Min. Zubereitung
Pro Stück ca. 85 kcal, 3 g EW, 6 g F, 4 g KH

1 Die Pinienkerne in einer kleinen beschichteten Pfanne ohne Fett goldbraun rösten, herausnehmen und abkühlen lassen. Das Kürbisfleisch in 12 flache und mundgerechte Stücke schneiden. Das Öl in einer Pfanne erhitzen, die Kürbisstücke darin von beiden Seiten in 1 – 2 Min. bissfest braten. Sie sollten leicht bräunen. Mit Salz würzen.

2 Die Minzeblättchen waschen und trocken schleudern. Die Ziegenfrischkäse jeweils vierteln. Die Kürbisstücke mit je 2 Minzeblättchen und einem Ziegenfrischkäseviertel belegen und mit einem Holzspießchen feststecken. Nach Belieben auf einer Platte anrichten.

3 Kurz vor dem Servieren die Spieße mit den Pinienkernen und grob gemahlenem Pfeffer bestreuen und mit dem Essig beträufeln.

### VARIANTE FEIGEN MIT ZIEGENKÄSE

**Wenn sie Saison haben, verwende ich Feigen statt Kürbis. Dafür 12 frische Feigen entstielen und mit einem Messer kreuzweise einschneiden. Die Feigen wie oben beschrieben mit je 2 Minzeblättchen und 1 Ziegenfrischkäseviertel füllen. Mit Pinienkernen und Pfeffer bestreuen und mit Essig beträufeln.**

# FILO-SPINAT-STRUDEL

**Ehrlich gesagt: Dieses Rezept ist eigentlich geklaut. Meine Schwester macht die Strudel immer, wenn ich bei ihr zu Gast bin. Ich finde sie perfekt für ein Büfett!**

**Für die Füllung:**
1 Pck. TK-Spinat (ca. 450 g)
2 Schalotten
2 Knoblauchzehen
3 EL Olivenöl
Salz | Pfeffer
50 g Pinienkerne
1 Bund Minze
200 g Schafskäse (Feta)
500 g Hüttenkäse
100 g Rosinen
4 Eier (Größe M)
150 g Sahne
**Außerdem:**
ca. 8 EL Olivenöl für die Form und zum Bestreichen
6 Filoteigblätter (ca. 225 g, à 40 × 50 cm, aus dem Kühlregal)
1–2 EL schwarze Sesamsamen

**Klassiker aus Griechenland**

Für 1 Auflaufform von 25 × 35 cm (30 – 40 Stücke) | 30 Min. Zubereitung | 45 Min. Backen
Bei 40 Stücken pro Stück ca. 140 kcal, 5 g EW, 11 g F, 5 g KH

**1** Für die Füllung den Spinat auftauen lassen. Schalotten und Knoblauch schälen und beides fein würfeln. Aufgetauten Spinat ausdrücken und grob hacken. 3 EL Öl erhitzen, Schalotten und Knoblauch darin glasig dünsten. Den Spinat dazugeben, mit Salz und Pfeffer würzen und weitere 3 Min. dünsten. Die Spinatmischung in eine Schüssel geben und abkühlen lassen.

**2** Die Pinienkerne in einer kleinen Pfanne ohne Fett goldbraun rösten. Die Minze waschen und trocken schleudern, die Blättchen abzupfen und hacken. Den Schafskäse sehr fein würfeln, mit Hüttenkäse, gerösteten Pinienkernen, gehackter Minze, Rosinen und 2 Eiern unter den Spinat mischen (Bild 1). Die Füllung mit Salz und Pfeffer kräftig abschmecken.

**3** Backofen auf 200° vorheizen. Eine Auflaufform (20 × 30 cm) mit Öl einfetten. Die Filoteigblätter mit Öl bepinseln und auf die Hälfte zusammenfalten (40 × 25 cm). 3 der gefalteten Teigblätter mit Öl bepinseln, diese jeweils mit 1 Teigblatt belegen, glatt streichen und mit Öl bestreichen. Die Füllung auf dem unteren Drittel der Längsseiten in einem ca. 7 cm breiten Streifen verteilen, an den Seiten einen ca. 3 cm breiten Rand freilassen (Bild 2). Die Teigblätter aufrollen und die Enden andrücken. Die Strudel mit Öl bestreichen und nebeneinander in die Form setzen.

**4** Für den Guss 2 Eier mit Sahne, Salz und Pfeffer verquirlen und über die Strudel gießen (Bild 3). Die Strudel mit den schwarzen Sesamsamen bestreuen. Den Auflauf im Backofen (Mitte) in ca. 45 Min. goldbraun backen. Den Auflauf aus dem Ofen nehmen, leicht abkühlen lassen und in 30 – 40 kleine Portionen schneiden und servieren.

1

2

3

# GEFÜLLTE TOMATEN

12 kleine Tomaten (à ca. 30 g) | 2 El Pinienkerne | 1 ½ Scheiben Toastbrot | 3 EL Olivenöl | 1 EL schwarze Oliven (ohne Stein, in Öl) | 1 kleine Knoblauchzehe | Salz | 2 Stängel Estragon | Pfeffer

Gelingt ganz leicht

Für 12 Stück | 30 Min. Zubereitung
Pro Stück ca. 60 kcal, 1 g EW, 4 g F, 4 g KH

1 Die Tomaten waschen, an der Seite mit dem Stielansatz einen Deckel abschneiden und beiseitelegen. Die gegenüberliegende Seite der Tomaten etwas gerade schneiden, damit die Tomaten stehen bleiben. Die Tomaten mit einem Kugelausstecher oder Teelöffel vorsichtig aushöhlen.

2 Für die Füllung Pinienkerne in einer kleinen Pfanne ohne Fett goldbraun rösten, herausnehmen und abkühlen lassen. Das Toastbrot klein würfeln. Öl in der Pfanne erhitzen, die Würfel darin in 3–5 Min. goldbraun rösten, dann beiseitestellen. Oliven fein hacken. Knoblauch schälen, ebenfalls hacken und mit 1 Prise Salz zerreiben. Estragon waschen und trocken schütteln, die Blättchen abzupfen und fein hacken.

3 Kurz vor dem Servieren alle Zutaten für die Füllung mischen, mit Salz und Pfeffer würzen und die Tomaten damit füllen. Nach Belieben die Tomaten mit den beiseitegelegten Deckeln abdecken.

## VARIANTE MIT KRABBEN

Nicht vegetarisch, dafür sehr edel, sind die Tomaten mit einer Krabbenfüllung: Dafür Pinienkerne und Oliven weglassen, vom Toastbrot und Olivenöl je nur die Hälfte verwenden und zusätzlich 60 g Nordsee-Krabben unterheben.

# AUBERGINENRÖLLCHEN

2 mittelgroße Auberginen | Salz | 1 Dose Kichererbsen (240 g Abtropfgewicht) | 2 Schalotten | 10 EL Olivenöl | 100 ml Gemüsebrühe | 5 Stängel Minze | 5 in Öl eingelegte getrocknete Tomaten | 3 EL schwarze Oliven (ohne Stein, in Öl) | 50 g Schafskäse (Feta) | 2 EL Zitronensaft | Pfeffer | 20 kleine Holzspieße

**Raffiniert**

Für 20 Stück | 50 Min. Zubereitung
Pro Stück ca. 75 kcal, 2 g EW, 7 g F, 3 g KH

**1** Die Auberginen waschen, putzen und der Länge nach in ca. 2 mm dicke Scheiben schneiden oder hobeln. Die Scheiben nebeneinander auf Küchenpapier legen, salzen und ziehen lassen.

**2** Inzwischen die Kichererbsen in einem Sieb abbrausen und abtropfen lassen. Schalotten schälen und fein würfeln. 1 EL Öl in einem Topf erhitzen, die Schalotten darin glasig dünsten. Kichererbsen und Brühe dazugeben, alles offen ca. 5 Min. köcheln lassen. Die Minze waschen und trocken schütteln, die Blättchen abzupfen.

**3** Den Topf vom Herd nehmen, die Kichererbsenmischung mit einem Pürierstab fein pürieren. Getrocknete Tomaten, Minze und Oliven fein hacken und den Käse zerkrümeln. Alles unter die Masse heben, mit Zitronensaft, Salz und Pfeffer würzen.

**4** Die Auberginenscheiben trocken tupfen, mit übrigem Öl bepinseln, wenden und die Kichererbsenmasse auf dem unteren Drittel der Scheiben verteilen. Auberginen aufrollen und mit Holzspießchen feststecken. Die Röllchen in einer Grillpfanne 4–5 Min. rundum braten. Die Röllchen schmecken warm und kalt.

# JE KLEINER, DESTO SÜSSER

Ein Büfett ist kein richtiges Büfett, wenn es nicht auch etwas für Naschkatzen gibt. Auch ohne Besteck und Geschirr müssen Sie darauf nicht verzichten: Diese Süßen sehen toll aus, schmecken unglaublich lecker und sind so klein, dass Sie ruhig mehrere probieren können!

# SCHOKOLADENTARTE

**Mit Wonneseufzergarantie: Mehr Schokolade geht nicht! Und damit auch das Auge mitisst, wird der Kuchen mit kleinen Blüten garniert.**

**Für den Mürbeteig:**
150 g Mehl
20 g Kakaopulver
1 Msp. Backpulver
80 g weiche Butter
40 g Zucker
1 Ei (Größe M)
**Für die Füllung:**
180 g Bitterschokolade (mind. 60 %)
135 g weiche Butter
120 g Zucker
1 Prise Zimtpulver
3 Eigelb
45 g Mehl
**Außerdem:**
Butter für die Form
150 g Hülsenfrüchte
3 EL Pistazienkerne
1 EL Puderzucker
essbare Blüten für die Deko (nach Belieben)

**Macht Lust auf mehr**

Für 1 Tarteform von 11 × 35 cm (16 Stücke) | 1 Std. Zubereitung | 40 Min. Backen
Pro Stück ca. 265 kcal, 3 g EW, 17 g F, 25 g KH

1 Den Backofen auf 200° vorheizen. Eine Tarteform mit Butter einfetten. Für den Mürbeteig das Mehl, Kakao- und Backpulver in eine Schüssel sieben und mischen. Die Butter in Stückchen, Zucker und Ei hinzufügen und alles zügig mit den Knethaken des Handrührgeräts zu einem homogenen Teig kneten.

2 Den Teig mit den Händen gleichmäßig auf dem Boden und am Rand der Form verteilen. Den Boden mit einer Gabel mehrmals einstechen und großzügig mit Backpapier belegen. Die Hülsenfrüchte auf dem Backpapier verteilen. Den Teigboden im Ofen (Mitte) ca. 20 Min. blindbacken.

3 Inzwischen für die Füllung die Schokolade in eine Metallschüssel bröckeln und über dem heißen Wasserbad schmelzen lassen. Butter, Zucker und Zimtpulver mit den Schneebesen des Handrührgeräts schaumig schlagen. Nacheinander die Eigelbe dazugeben und unterschlagen. Die flüssige Schokolade und das Mehl hinzufügen und beides unter die Eier-Zucker-Masse ziehen.

4 Teigboden aus dem Ofen nehmen. Hülsenfrüchte und Backpapier entfernen. Die Füllung auf den Tarteboden geben und gleichmäßig verteilen. Im Ofen (Mitte) weitere 20 Min. backen, bis die Schokoladenmasse gar ist. Pistazienkerne hacken. Tarte herausnehmen, mit Pistazien, Puderzucker und nach Belieben mit Blüten garniert servieren.

## TIPP

**Wenn ich es mal etwas fruchtig haben möchte, verteile ich auf der ungebackenen Schokoladenmasse 16 frische Himbeeren oder entsteinte Kirschen.**

# CHURROS MIT SCHOKOLADE

40 g Butter | 1 Prise Salz | 200 g Mehl | 3 Eier (Größe L) | 750 ml Pflanzenöl zum Frittieren (z. B. Sonneblumenöl) | 300 g Bitterschokolade (mind. 60 %) | 1 Spritzbeutel mit Sterntülle | Puderzucker zum Bestäuben

**Viva España!**

Für 30 Stück | 50 Min. Zubereitung
Pro Stück ca. 110 kcal, 2 g EW, 6 g F, 11 g KH

1 Für den Brandteig 250 ml Wasser mit Butter und Salz in einem Topf aufkochen. Das Mehl dazugeben und mit einem Holzlöffel so lange rühren, bis sich auf dem Topfboden ein weißer Belag absetzt und ein Teigkloß entsteht.

2 Den Topf von der Herdplatte ziehen, dann nach und nach die Eier dazugeben und unter den Teig arbeiten. Den Teig beiseitestellen.

3 Zum Frittieren das Pflanzenöl in einen Topf geben und erhitzen (es ist heiß, wenn an einem Holzlöffel, den man hineinhält, kleine Bläschen aufsteigen). Inzwischen die Schokolade mit einem Messer grob hacken und in einer Metallschüssel über dem heißen Wasserbad schmelzen lassen.

4 Den Brandteig in einen Spritzbeutel mit Sterntülle füllen und portionsweise in 5–8 cm langen Streifen in das heiße Öl spritzen. Die Churros darin rundum in ca. 1 Min. goldbraun frittieren, dabei mit einer Schaumkelle immer wieder wenden. Die Churros herausnehmen und auf Küchenpapier abtropfen lassen.

5 Die flüssige Schokolade in Schälchen füllen. Die Churros mit Puderzucker bestäuben und sofort mit der Schokolade servieren.

# HONIGKUCHEN MIT KRÄUTERN

30 g frische Hefe | 400 g Mehl | 50 g Zucker | 1 Prise Salz | 100 ml gutes Olivenöl | 200 g geschälte Mandeln | 100 g Honig | 8 Zweige Thymian | 5 Zweige Rosmarin | Mehl zum Arbeiten und für das Backblech | 2 EL Olivenöl für das Backblech

## Ofenwarm am besten

Für 1 Backblech (30 Stücke) | 30 Min. Zubereitung | 45 Min. Gehen | 16 Min. Backen
Pro Stück ca. 140 kcal, 3 g EW, 8 g F, 14 g KH

1 Für den Teig die Hefe in 220 ml lauwarmes Wasser bröckeln und darin auflösen. Das Mehl in eine Schüssel sieben, Zucker und Salz hinzufügen, dann langsam die aufgelöste Hefe mit den Knethaken des Handrührgeräts einarbeiten. 40 ml Öl dazugießen und ebenfalls unterkneten. Den Teig mit den Händen durchkneten, dann abgedeckt an einem warmen Ort ca. 45 Min. gehen lassen, bis sich sein Volumen verdoppelt hat.

2 Den Backofen auf 210° vorheizen. Ein Backblech mit Öl einfetten und mit 2 EL Mehl bestreuen. Die Mandeln mit einem Messer grob hacken. Den Hefeteig mit den Händen durchkneten und gleichmäßig auf dem Backblech mit einem Nudelholz ausrollen. Die gehackten Mandeln darüberstreuen und den Honig darüberträufeln. Im Backofen (Mitte) ca. 8 Min. backen.

3 Inzwischen Thymian und Rosmarin waschen und trocken schütteln, Blättchen und Nadeln abzupfen. Beides auf dem Kuchen verteilen. Den Kuchen mit dem übrigen Öl beträufeln und in ca. 8 Min. fertig backen, bis er goldbraun ist. Den Hefekuchen herausnehmen, leicht abkühlen lassen, in 30 Stücke schneiden und warm servieren.

# KLEINE APFELSTRUDEL

Wenn Sie den Dreh erst mal raus haben, geht das Füllen und Rollen der Strudelchen ganz leicht, versprochen!

**Für die Füllung:**
80 g Rosinen
100 ml Rum (ersatzweise Apfelsaft)
2 kg säuerliche Äpfel (z. B. Boskop)
70 g Butter
6 EL Zucker
4 EL Akazienhonig
½ TL Zimtpulver

**Für den Strudelteig:**
6 EL gemahlene Haselnüsse
100 g Butterschmalz
8 Blatt Strudelteig (24 × 33 cm, aus dem Kühlregal)
4 EL Puderzucker

## Klassiker im Miniformat

Für 32 Stück | 1 Std. Zubereitung | 16 Min. Backen
Pro Stück ca. 215 kcal, 1 g EW, 13 g F, 21 g KH

**1** Rosinen und Rum in einem Topf einmal aufkochen lassen und den Topf beiseitestellen. Die Äpfel schälen, vierteln, entkernen und das Fruchtfleisch (ca. 1,4 kg) in 1 cm große Würfel schneiden.

**2** Die Apfelwürfel in 2 Portionen karamellisieren. Dafür die Hälfte der Butter und 3 EL Zucker mit 2 EL Honig in einer breiten Pfanne bei mittlerer Hitze karamellisieren lassen. Die Hälfte der Apfelwürfel hinzufügen und ca. 5 Min. anbraten, bis die Apfelwürfel braun und gar sind. Die Hälfte der Rumrosinen und ¼ TL Zimtpulver dazugeben und alles so lange braten, bis die Flüssigkeit vollständig eingekocht ist. Die Apfelmischung in einem Sieb über einer Schüssel abkühlen lassen. Die restlichen Zutaten für die Füllung genauso verarbeiten.

**3** Die Haselnüsse in einer Pfanne ohne Fett bei mittlerer Hitze hellbraun rösten, dann herausnehmen und abkühlen lassen. Das Butterschmalz in einem kleinen Topf zerlassen.

**4** Jedes Strudelteigblatt auf einer Arbeitsfläche ausbreiten und mit etwas Butterschmalz bestreichen, dann quer zusammenklappen (24 × 17 cm). Ein Backblech mit Backpapier auslegen. Den Backofen auf 200° vorheizen.

**5** Die gefalteten Teigblätter jeweils in 4 gleich breite Streifen (6 × 17 cm) schneiden. Jede Unterkante der Streifen mit 1 TL Haselnüssen bestreuen, dabei links und rechts einen 1 – 2 cm breiten Rand freilassen. Die Apfelfüllung daraufsetzen und fest andrücken. Die Teigstreifen locker aufrollen und die Enden fest zusammendrücken. Die Strudel mit dem übrigen Butterschmalz bepinseln und dick mit Puderzucker bestäuben.

**6** Die Strudel mit etwas Abstand auf das Blech setzen und im Ofen (Mitte) in ca. 12 Min. goldbraun backen. Dann die Grillfunktion einschalten und die Strudel weitere 2 – 4 Min. backen, bis der Puderzucker karamellisiert (Achtung, das geht schnell!). Die Strudel warm oder kalt servieren.

# SAHNELIKÖRTRÜFFEL

1 EL lösliches Espressopulver | 470 g Bitterschokolade (mind. 60 %) | 50 g Nugat |
125 g Sahne | 75 g Crème double | 30 ml Sahnelikör (z. B. Baileys) | 100 g Kakaopulver |
1 Spritzbeutel mit Lochtülle

**Zartschmelzend**

Für ca. 50 Stück |
1 Std. Zubereitung | 1 Std. 20 Min. Kühlen
Pro Stück ca. 70 kcal, 1 g EW, 4 g F, 5 g KH

**1** 30 ml Wasser aufkochen und Espressopulver unterrühren. Schokolade hacken, Nugat würfeln. Sahne und Crème double aufkochen, 220 g Schokolade darin auflösen. Nugat dazugeben und schmelzen lassen. Likör und Kaffee unterrühren. In einer Schüssel kühl stellen. Zwischendurch umrühren, damit sie abkühlt – aber nicht ganz, sonst wird die Masse zu fest und lässt sich schwer spritzen.

**2** Ein Backblech mit Backpapier auslegen. Die cremige Trüffelmasse portionsweise mit einem Spritzbeutel mit Lochtülle in kleinen Häufchen auf das Blech spritzen und fest werden lassen.

**3** Übrige Schokolade in einer Metallschüssel über dem heißen Wasserbad schmelzen lassen. Kakaopulver auf einem Blech verteilen. Trüffel mit einer Pralinengabel durch die Schokolade ziehen und auf das Kakaopulver setzen. Sobald die Schokolade fest wird, das Blech vorsichtig rütteln, damit das Kakaopulver die Pralinen umhüllt. Die festen Trüffel in eine luftdichte Dose füllen.

## TIPP

**Im Kühlschrank halten sich die Trüffel ca. 4 Wochen. Am besten schmecken sie jedoch frisch. Überschüssiges Kakaopulver durchsieben und anderweitig verwenden.**

# WEISSE HONIGTRÜFFEL

220 g Bitterschokolade (mind. 60 %) | 125 g Sahne | 40 g Honig | 35 g Butter (Süßrahmbutter) | 250 g weiße Schokolade | 50 g Puderzucker zum Bestäuben | 1 Spritzbeutel mit Lochtülle

## Honigsüße Sünde

Für ca. 50 Stück |
1 Std. Zubereitung | 1 Std. 20 Min. Kühlen
Pro Stück ca. 65 kcal, 1 g EW, 4 g F, 6 g KH

1 Die Kuvertüre hacken. Sahne und Honig in einem Topf aufkochen, dann den Topf beiseitestellen. Die Kuvertüre mit einem Schneebesen unter die Sahne rühren, bis sie gelöst ist. Die Butter in kleinen Stückchen ebenfalls unterrühren.

2 Die Masse in eine Schüssel füllen und ca. 20 Min. in den Kühlschrank stellen. Zwischendurch umrühren, damit sie gleichmäßig abkühlt – aber nicht ganz, sonst wird die Masse zu fest und lässt sich schwer spritzen.

3 Inzwischen ein Backblech mit Backpapier auslegen. Die cremige Trüffelmasse portionsweise in einen Spritzbeutel mit Lochtülle füllen, in kleinen Häufchen nebeneinander auf das Blech spritzen und in ca. 1 Std. fest werden lassen.

4 Für den Überzug die weiße Schokolade grob hacken. Die Schokolade in einer Metallschüssel über dem heißen Wasserbad schmelzen lassen. Die Trüffel mit einer Pralinengabel durch die geschmolzene Schokolade ziehen und nebeneinander auf das Backblech setzen. Die festen Trüffel in eine luftdichte Dose füllen. So halten sie sich ca. 4 Wochen. Die Trüffel erst kurz vor dem Servieren mit Puderzucker bestäuben.

# REGISTER

Damit Sie Rezepte mit bestimmten Zutaten noch schneller finden, sind in diesem Register auch beliebte Zutaten wie **Käse** oder **Tomaten** alphabetisch eingeordnet und hervorgehoben. Darunter finden Sie das Rezept Ihrer Wahl. Vegetarische Rezepte sind grün abgesetzt.

## A



## B



## C/D



## E/F



## G



## H



## K

**Projektleitung:** Dorothea Bernhard
**Lektorat:** Maryna Zimdars
**Korrektorat:** Petra Bachmann
**Innen- und Umschlaggestaltung:** independent Medien-Design, Horst Moser, München
**Herstellung:** Sigrid Frank
**Satz:** Kösel, Krugzell
**Reproduktion:** Repro Ludwig, Zell am See
**Druck und Bindung:** Schreckhase, Spangenberg
**Syndication:** www.jalag-syndication.de

1. Auflage 2014
ISBN 978-3-8338-3964-1

www.facebook.com/gu.verlag

GRÄFE UND UNZER

Ein Unternehmen der
GANSKE VERLAGSGRUPPE

## Die Autorin

**Susanne Walter** ist ausgebildete Köchin und hat einige Jahre im Ausland gearbeitet. Sie betreibt ihr eigenes Catering-Unternehmen; seit 2005 ist sie zudem als Foodstylistin und Rezeptautorin tätig. Für Fingerfood hat sie all jene Rezepte ausgewählt, mit denen sie auch ihre Freunde und Gäste am liebsten verwöhnt.

## Das Fototeam

**Monika Schürle** und **Maria Grossmann** arbeiten schon seit Langem erfolgreich in den Bereichen Food, Stilllife und Interior für Magazine, Verlage und Agenturen. Autorin Susanne Walter übernahm auch das Foodstyling.

## Bildnachweis

Titelfoto: Wolfgang Schardt; alle anderen Fotos: Maria Grossmann und Monika Schürle

## Titelrezepte

Miniburger Classic Style (S. 20), Chorizo-Tortilla-Würfel (S. 22) und Salatröllchen mit Melone (S. 40)

**Umwelthinweis:**
Dieses Buch ist auf PEFC-zertifiziertem Papier aus nachhaltiger Waldwirtschaft gedruckt.

QUALITÄTS G|U GARANTIE

**Liebe Leserin, lieber Leser,**

haben wir Ihre Erwartungen erfüllt? Sind Sie mit diesem Buch zufrieden? Haben Sie weitere Fragen zu diesem Thema? Wir freuen uns auf Ihre Rückmeldung, auf Lob, Kritik und Anregungen, damit wir für Sie immer besser werden können.

**GRÄFE UND UNZER Verlag**
Leserservice
Postfach 86 03 13
81630 München
E-Mail:
leserservice@graefe-und-unzer.de

Telefon: 00800 / 72 37 33 33*
Telefax: 00800 / 50 12 05 44*
Mo–Do: 8.00–18.00 Uhr
Fr: 8.00–16.00 Uhr
*(* gebührenfrei in D, A, CH)*

Ihr GRÄFE UND UNZER Verlag
*Der erste Ratgeberverlag – seit 1722.*

**Backofenhinweis:**
Die Backzeiten können je nach Herd variieren. Die Temperaturangaben in unseren Rezepten beziehen sich auf das Backen im Elektroherd mit Ober- und Unterhitze und können bei Gasherden oder Backen mit Umluft abweichen. Details entnehmen Sie bitte Ihrer Gebrauchsanweisung.

# IDEEN FÜR PARTY-BÜFETTS

**Besonders toll ist Fingerfood, wenn die Sitzplätze nicht reichen, deshalb habe ich mir Party-Büfetts für einen Abend mit 10 – 12 Personen für Sie ausgedacht.**

## EDEL UND FEIN

Grissini mit Fleur de Sel (siehe S. 12)
Forelle auf Roggen-Knäcke (siehe S. 28)
Wan-Tans mit Krabbensalat (siehe S. 32)
Spicy Lammfiletspieße (siehe S. 25, doppelte Menge)
Torteletts mit Kräuterguss (siehe S. 10)

**Für 12 Personen**

**1** Am Vortag Grissini und Torteletts backen, abkühlen lassen und luftdicht aufbewahren. Dip für Lammspieße zubereiten, abgedeckt kühl stellen.

**2** Am Vormittag der Einladung Meerrettichcreme zubereiten, abgedeckt kühl stellen. Wan-Tans frittieren, abkühlen lassen und luftdicht aufbewahren. Linsensalat, bis auf die Krabben, zubereiten und kühl stellen. Lammspieße zubereiten, abkühlen.

**3** Kurz vorher, Krabben mit Linsensalat mischen, abschmecken. Grissini nach Belieben mit Serranoschinken anrichten. Knäckebrot dritteln, Forelle in Stücke zupfen und Schnittlauch schneiden.

**4** Vor dem Servieren Knäckebrot bestreichen und belegen. Linsensalat auf die Wan-Tans geben, mit Koriander garnieren. Lammspieße kurz im Ofen erwärmen, mit Dip servieren. Torteletts erwärmen, mit Kräutern garniert anrichten.

## GUT VORZUBEREITEN

Käsegebäck (siehe S. 13)
Gebeizter Lachs auf Chips (siehe S. 29)
Ricotta-Zwiebel-Quiche (siehe S. 39, doppelte Menge)
Kartoffel-Meerrettich-Suppe (siehe Klappe hinten)
Kleine Apfelstrudel (siehe S. 56)

**Für 12 Personen**

**1** Zwei Tage vorher den Lachs beizen.

**2** Am Vortag das Käsegebäck zubereiten, vollständig abkühlen lassen und luftdicht in Dosen verpacken. Ricotta-Zwiebel-Quiche backen, vollständig abkühlen lassen und mit Folie abgedeckt kühl stellen. Kartoffel-Meerrettich-Suppe zubereiten, abkühlen lassen und kühl stellen. Apfelstrudel bis auf das Backen fertigstellen, abdecken und kühl stellen.

**3** Bevor die Gäste kommen die Chips für den Lachs auf eine Servierplatte geben. Die Quiche in Stücke schneiden.

**4** Vor dem Servieren Chips mit Lachs belegen, mit Dill und rosa Pfeffer garnieren. Quichestücke kurz im Ofen erwärmen und anrichten. Suppe erwärmen, nochmals aufmixen und in Gläschen füllen. Apfelstrudel backen und servieren.